DEUXIÉME BALLET

DANSÉ PAR LE ROY,

Dans son Château des Tuilleries,

Le Lundy trentiéme jour du mois de Decembre 1720.

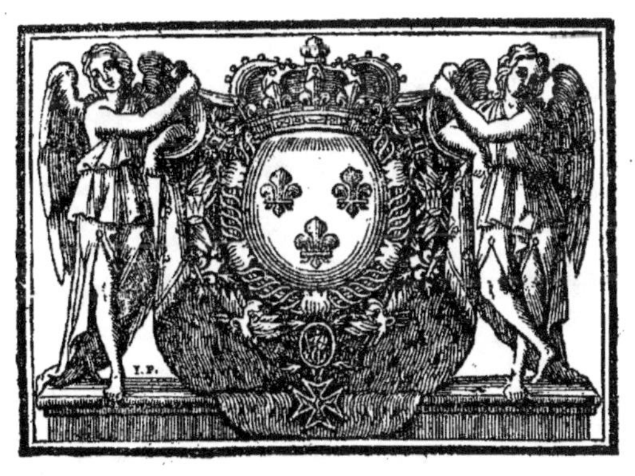

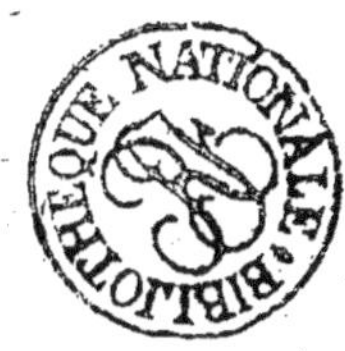

DE L'IMPRIMERIE
De JEAN-BAPTISTE-CHRISTOPHE BALLARD,
Seul Imprimeur du Roy pour la Musique.

M. DCC XX.

Par exprès Commandement de Sa Majesté.

LA PIECE est de Mr. Coypel le fils.

LA MUSIQUE de Mr. de Lalande, Sur-Intendant de la Musique du Roy, &c.

LE BALLET de Mr. Balon, Maître de Danse de Sa Majesté, & Compositeur des Ballets.

ACTEURS
DU PROLOGUE.

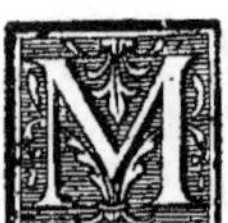

MINERVE,	Melle. Antier.
LA RAISON,	Melle. Bury.
LE CHAGRIN, sous la figure de LA RAISON,	Le Sr. Muraire.
LE PLAISIR,	Le Sr. Boutelou.

DIVERTISSEMENT du Prologue.

PREMIERE ENTRE'E.
PLAISIRS.

LEs Srs. Dumoulin-4e.	Melles. Prevôt.
Laval.	Guyot.
Marcel.	Menés.
Blondy.	Dupré.

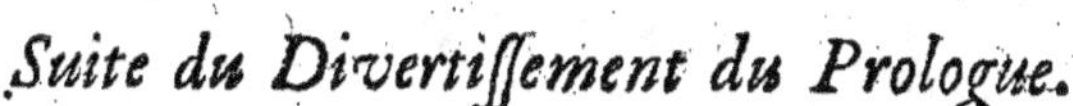

Suite du Divertissement du Prologue.

DEUXIE'ME ENTRE'E.

SEIGNEURS GAULOIS.

LE ROY.

Monsieur le Duc DE CHARTRES.
Mr. le Marquis de Villeroy.
Mr. de Coigny.
Mr. de Mirepoix.
Mr. de Cossé.
Mr. de Francine.
Mr. de Beson.
Mr. de Croissy.
Mr. de Renel.
Mr. de Langeron.
Mr. de Tonnerre.
Mr. Balon fils.

SUITE DE CETTE ENTRE'E.

Mr. le Duc de la Tremoille.
Mr. le Duc de Bouflers.
Mr. de Crussol.
Mr. de Ligny.
Mr. de Brancas.
Mr. le Ch. de Maulevrier.
Mr. de Gondrin.
Mr. de Saint Florentin.
Mr. de Rupermonde.
Mr. de Lasuse.

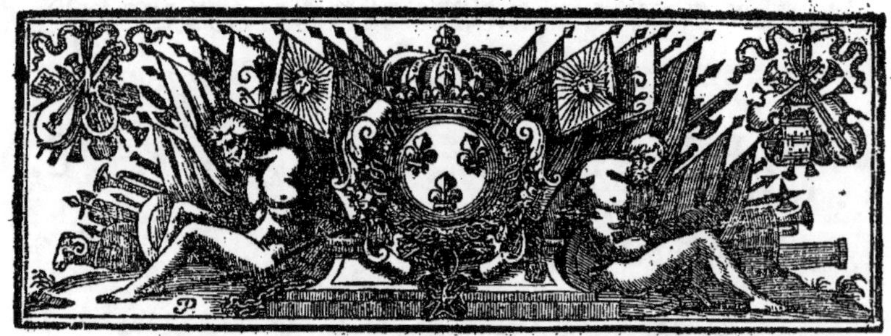

PROLOGUE.

SCENE PREMIERE.

Le Theâtre réprésente le Palais du ROY.

LE CHAGRIN, sous la figure de la Raison.

LE CHAGRIN, Le Sr. Muraire.

Retranché.

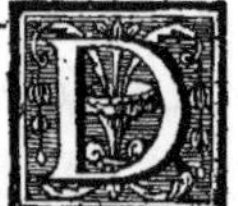

E l'austere Raison,
Le Chagrin en ce jour prend les traits & le nom;
C'est trop souffrir icy l'Ennemy qui m'offense,
Plaisir, je vais bien-tôt renverser ta puissance;
Et ces Jeux & ces Ris qui blessent trop mes yeux,
Vont pour jamais quitter ces lieux:

Mais ! quelle est mon erreur extrême ! Retranché.
La Raison même
Dans cette Cour
Fait son séjour !
Il n'importe, avec Elle on me verra paroître,
Et l'on aura peine à connoître,
En nous voyant les mêmes traits,
Qui des deux est la veritable ;
Mais pourrai-je jamais
A la Raison être semblable ?
De mon front soucieux effacerai-je bien
Ces rides qui jamais n'altererent le sien ?

SCENE DEUXIÉME.

LE PLAISIR, LE CHAGRIN, LES JEUX de la suite du PLAISIR, qui entrent en dansant.

LE PLAISIR, Le S[r]. Boutelou.

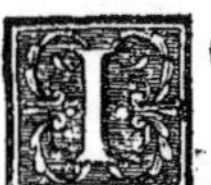

Icy la Jeunesse
Rassemble sans cesse
Les Jeux & les Ris;

Et c'est la Sagesse
Qui, de ces lieux cheris,
Chasse la Tristesse.

On danse.

LE CHAGRIN.

Retranché. *Fui de ces lieux, Plaisir trop séducteur;*
Vien-tu dans cette Cour, pour attaquer le cœur

Du

Du JEUNE ROY *qui de la France* Retranché.
Fait l'unique esperance?
Porte ailleurs ton fatal poison;
Fui d'un séjour qu'habite la Raison.

LE PLAISIR.

Je ne suis pas, Raison sévere,
Ce Plaisir rebelle à vos loix,
Dont les transports ont tant de fois
Causé vôtre juste colere;

Je suis ce Plaisir innocent,
Dont le Monde naissant
Goûtoit si bien les charmes;
Bannissez d'injustes allarmes;
Et pour combler mes vœux,
Daignez regler mes Jeux.

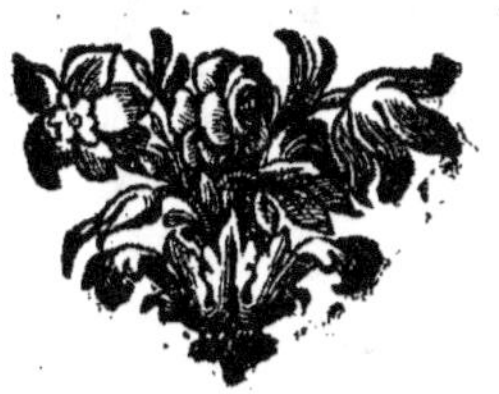

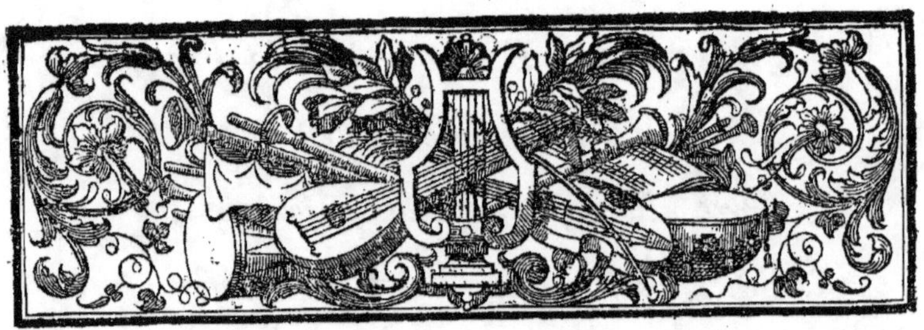

Retranché.

SCENE TROISIÉME.

LA RAISON, LE CHAGRIN, LE PLAISIR.

LA RAISON, Melle. Bury.

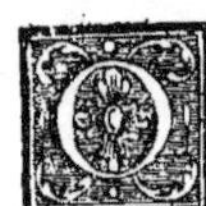

Uy je les regleray. . . . . Mais que vois-je paroître!

LE PLAISIR.

Ciel! deux Raisons! Et comment reconnoître

Celle qu'il faut croire en ce jour?

Qui des deux regne en cette Cour?

LA RAISON & LE CHAGRIN, ensemble.

LA RAIS. { *Chagrin,*
LE CHAG. { *Erreur,* *que pretend-tu sous la fausse apparence*

D'une si belle ressemblance?

LA RAIS. *Vien-tu par tes noires fureurs,* Retranché.

LE CHAG. *Vien-tu par tes conseils trompeurs,*

LA RAIS. *Effrayer ces timides cœurs?*

LE CHAG. *Me chasser de ces jeunes cœurs?*

LE CHAGRIN.

Non, de l'Erreur fatale,
Je dois triompher en ce jour:

Volez, Fureur, de ce séjour,
Chassez ma funeste Rivale.

LA RAISON.

Non, ce n'est que par la douceur
Que je chasse l'Erreur;

Imite mieux le noble caractere
De la Raison;
C'est trop peu d'emprunter & mes traits & mon nom,
Banni cette indigne colere:

Non, ce n'est que par la douceur
Que je chasse l'Erreur.

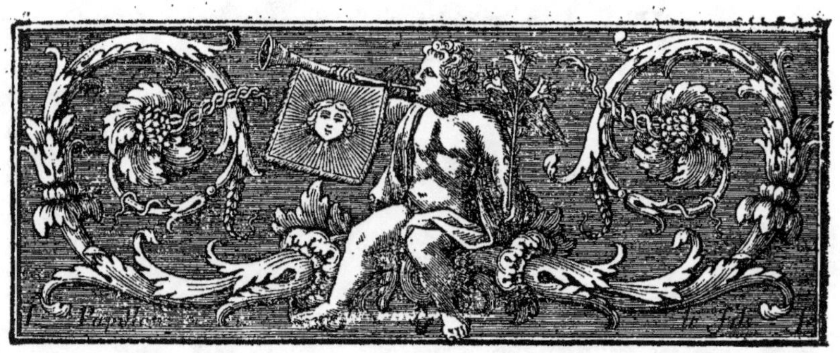

Retranché.

SCENE QUATRIÉME.

MINERVE, LA RAISON, LE CHAGRIN, LE PLAISIR.

LA RAISON, à MINERVE.

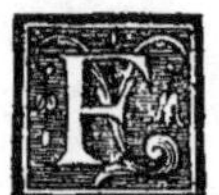

FILLE de Jupiter, ô divine Sagesse;
Toy qui conduis avec tant de tendresse
LE JEUNE ROY,
Qui déja suit ta Loy;
C'est en toy que je mets mon unique esperance;
Qui peut nous juger mieux que toy?
A l'une de nous deux donne la préference;
Deux Raisons s'offrent à tes yeux,
Chasse la fausse de ces lieux.

LE CHAGRIN.

Retranché.

Sageſſe, approuves-tu la Fête,
Que dans cette Cour on apprête:
Eſt-ce donc dans le ſein du Plaiſir trop flatteur,
Que peut s'élever un grand cœur?

MINERVE, Melle. Antier.

Oüy, ſouvent le Plaiſir amy de la Jeuneſſe,
Sert aux deſſeins de la Sageſſe;
Je veux aujourd'huy par ſa voix,
Apprendre au ROY, *que j'éleve & qui m'aime,*
Juſques où peut aller l'égarement extrême
Des foibles cœurs qu'Amour aſſervit à ſes loix;
Mais toy, ſombre Chagrin, que j'ay ſçû reconnoître,
A mes yeux oſes-tu paroître?
La Sageſſe jamais ne voulut t'écouter.
Vous n'avez rien icy, Raiſon, à redouter:
Sur ce triſte Ennemy, remportez la victoire,
Vôtre triomphe fait ma gloire.
Vous, revenez Plaiſir, & chaſſez de ces lieux,
Le Chagrin odieux.

LePlaiſir &ſa ſuite formẽt des danſes, & chaſſẽt le Chagrin.

MINERVE.

Venez, ASTRE NAISSANT, *nôtre espoir le plus doux*,
Annoblissez les Jeux qu'on prepare pour Vous.

Le fond du Theâtre s'ouvre, & l'on voit LE ROY sur un Trône galant, environné de sa Cour.

CHOEUR DES JEUX.

Ah! quel éclat frappe nos yeux!
Quel spectacle embellit ces lieux!
Peuples, applaudissez à vôtre auguste Maître,
Il enchaîne les cœurs, dès qu'on le voit paroître.

LE ROY danse avec toute sa Cour.

MINERVE.

Je forme un HEROS *pour la France,*
Qui doit combler son esperance,
Chantez, que vos Concerts s'élevent jusqu'aux Cieux,
Célébrez dès ce jour son destin glorieux:
J'ay déja fait graver par les mains de la Gloire,
Les noms de ses Ayeux au Temple de Memoire;
Recevez pour garants de son illustre sort,
Mes soins & le Sang dont il sort.

On repete les deux premiers Vers. *Chantez*, & l'on danse.

MINERVE, au ROY.

Puissiez-vous JEUNE PRINCE, *en maintenant la paix,*
Faire regner icy les Plaisirs à jamais.

Non, ce n'est pas toûjours la sanglante Victoire,
Qui conduit les Rois à la Gloire.

MINERVE.

Il est beau d'être au rang des plus fameux Vainqueurs; Retranché.
Mais puissiez-vous toûjours en regnant sur les cœurs,
Forcer vos fiers Voisins, sans le secours des armes,
A porter loin de Vous, la Guerre & ses alarmes!

CHOEURS.

Puissiez-vous, JEUNE PRINCE, *en maintenant la paix,*
Faire regner icy les Plaisirs à jamais.
Non, ce n'est pas toûjours la sanglante Victoire,
Qui conduit les Rois à la Gloire.

Les PLAISIRS dansent sur ce Chœur.

FIN DU PROLOGUE.

PERSONNAGES
DU BAL,
PREMIERE ENTRÉE.

Cette Entrée est composée de quatre Quadrilles:

A premiere, d'ESPAGNOLS.
La deuxiéme, de MAURES.
La troisiéme, d'INDIENS.
La quatriéme, de CHINOIS.

Le Bal finit par une Entrée de Combattants.

LE BAL,

PREMIERE ENTRÉE.

Le Theâtre répréſente une Salle ornée pour le Bal.

Quadrille d'ESPAGNOLS.

MR. de Coigny.	Melles. Leroy.
Mr. de Mirepoix.	Lemaire.
Mr. de Villars.	Duval.
Mr. de Lorges.	Mangot.

Quadrille de MAURES.

Mr. le P. de Turenne.	Melles. Deliſle.
Mr. de Beſons.	Corail.
Mr. de Chambona.	Labatte.
Mr. de Maulevrier.	Laferriere.

Quadrille d'INDIENS.

Mr. le Grand Prieur.	Melles. Guyot.
Mr. le Marquis de Villeroy.	Menés.
Mr. le Duc de Montmorency.	Prevôt.
Mr. le Marquis d'Alincourt.	Dupré.

Quadrille de CHINOIS.

Mr. Balon.

Les Srs. Blondy, & Marcel.

Les Srs. Ferrand, Dupré, Dumirail & Mion.

LA PAGODE.

Le Sr. Dumoulin-2e.

PETITES PAGODES.

Paris, Boiseau, Lamotte & Alin.

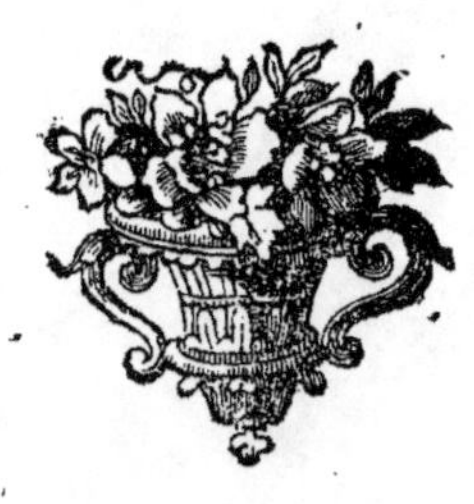

COMBATTANTS.

Es Srs. Laval, Malterre l'aîné.

Malterre cadet, Duval.

Deshayes, Marcel cadet.

Javillier, Pierret.

FIN DE LA PREMIERE ENTRE'E.

PERSONNAGES CHANTANTS, DE LA FESTE PASTORALE, DEUXIE'ME ENTRE'E.

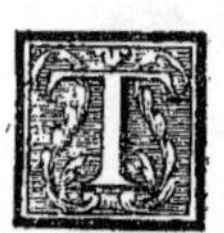ROIS BERGERS,

Les Srs. Boutelou, Muraire, & Mouret.

DEUX BERGERES, Melles. Bury & Antier.

CHOEUR DE BERGERS, & de BERGERES.

PERSONNAGES DANSANTS.

BERGERS ET BERGERES.

	Bergers.		*Bergeres.*
Les Srs.	Dumoulin-4e.	Melles.	Prevôt.
	Laval.		Guyot.
	Marcel l'aîné.		Menés.
	Dumirail.		Dupré.
	Dangeville.		Delisle.
	Pecourt.		Corail.
	Dumoulin-2e.		Laferiere.
	Dumoulin-3e.		Labatte.

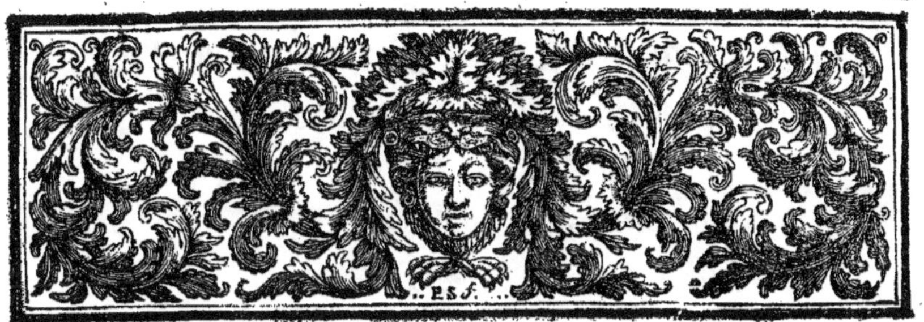

FESTE PASTORALE,

DEUXIE'ME ENTRE'E.

Le Theâtre représente un Bois, & dans le fond l'on apperçoit la Mer & des Cabannes de Bergers.

CHOEUR DE BERGERS.

Elebrons le bonheur de ces tendres amants:
Que ce Bocage retentisse,
De nos concerts les plus charmants;
Et qu'à nos voix l'Echo s'unisse.

On danse.

UN BERGER, Mr. Boutelou.

A nos douces chansons,
Tendres Bergers, mêlez les sons
De vos gracieuses musettes;

L'Amour dans ces belles retraites,
Aujourd'huy rassemble sa Cour:
Celebrons les douceurs parfaites,
Que nous annonce un si beau jour.

On repete les trois premiers Vers.

On danse.

UNE BERGERE ET UN BERGER,

Melle. Antier & le Sr. Mouret.

ENSEMBLE.

Sans ſoins, ſans envie,
Nous paſſons la vie;
Innocente Paix,
Durez à jamais.

LA BERGERE.

Contrainte importune,
Fuyez de ces bois;
Servez la fortune,
A la Cour des Rois:

LE BERGER.

Superbe Richeſſe,
Que ſuit le ſoucy,
Laiſſez l'allegreſſe
Regner ſeule icy;

ENSEMBLE.

Que les ſeules armes
Du charmant Amour,
Cauſent des alarmes
Dans ce beau ſéjour.

Ils repetent de ſuite les quatre premiers Vers.

DEUXIE'ME ENTRE'E.

Aprés le Duo, on danse.

UNE BERGERE,

Melle. Bury.

La brillante Aurore,
A versé sur Flore
Ses dons precieux;
Zephire en ces lieux,
La voyant si belle,
Voltige autour d'elle;
Et l'empressement
De ce jeune amant,
Rend sa tendre amante
Encor plus charmante.

ON DANSE.

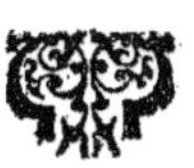

Retranché. UNE BERGERE ET DEUX BERGERS,

Melle. Bury, les Srs. Muraire, & Mouret.

ENSEMBLE.

O Sommeil, vien verser tes pavots secourables;
Calme les sens troublez des amants miserables.

LA BERGERE.

Et vous Songes flatteurs,
Par de feintes douceurs,
Faites-leur oublier des maux trop veritables.

ENSEMBLE.

O Sommeil, vien verser tes pavots secourables;
Calme les sens troublez des amants miserables.

LE PREMIER BERGER.

N'interromp point les doux plaisirs
Des Mortels dont l'Amour veut combler les desirs.

ENSEMBLE.

O Sommeil, vien verser tes pavots secourables;
Calme les sens troublez des amants miserables.

UNE

UNE BERGERE, Melle. Antier.

La Beauté qui vous charme eſt dans ce beau ſéjour,
Voyez devant ſes pas voler le tendre Amour ;
Pour vous la rendre encor plus belle,
Ce Dieu quelques moments vous a ſeparé d'elle.

Pour faire mieux goûter le prix de ſes bienfaits,
Il nous fait éprouver les plus vives alarmes ;
Nous reſſentirions moins ſes charmes,
S'il combloit trop-tôt nos ſouhaits :
Fidel Amant, ne verſez plus de larmes ;

La Beauté, &c.

Pluſieurs Bergeres danſent au ſon des Flûtes.

FIN DE LA DEUXIE'ME ENTRE'E.

PERSONNAGES CHANTANTS,
DE L'UNION DE L'HYMEN ET DE L'AMOUR,

TROISIÉME ENTRÉE.

UNE BERGERE, Melle. Lisarde.

DEUX BERGERS, Les Srs. Mouret, & Muraire.

CHOEUR DE BERGERS.

L'HYMEN. M. Legrand.

L'AMOUR. Le St. Dangeville.

Une Compagne de LUCINDE. Melle. Antier.

PERSONNAGES DANSANTS.

LES BERGERS ET LES BERGERES de la seconde Entrée, rentrent sur le Theâtre.

L'HYMEN & L'AMOUR y recitent un Dialogue.

LE ROY, avec toute sa Cour, forme une nouvelle Fête.

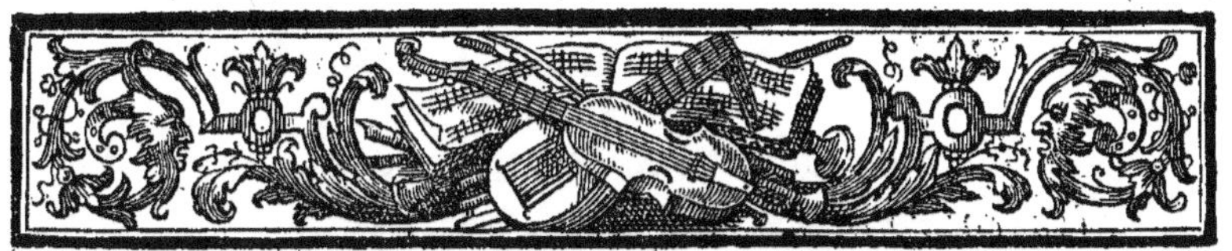

L'UNION DE L'HYMEN ET DE L'AMOUR, TROISIE'ME ENTRE'E.

DIALOGUE DE BERGERS.

DEUX BERGERS, Les Srs. Mouret & Muraire.

ENSEMBLE.

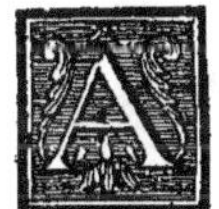

A Ces tendres amants, Hymen, soy favorable;
Vien les unir d'une chaîne durable.

LE CHOEUR.

A ces tendres amants, &c.

LES DEUX BERGERS.

En leur faveur en ce beau jour,
Uny-toy pour jamais avec le tendre Amour.

LE CHOEUR.

A ces tendres amants, &c.

LES DEUX BERGERS.

Ah! que tes nœuds leur paroîtront charmants,
Si devenus Epoux, ils sont toûjours amants!

LE CHOEUR.

A ces tendres amants, &c.

UN BERGER, Le S^r. Mouret.

L'Hymen veut combler vos desirs,
Et couronner vôtre tendresse;

Il vous promet mille plaisirs;
Daigne l'Amour acquitter sa promesse!

L'AMOUR & L'HYMEN paroissent, & recitent le Dialogue suivant.

L'AMOUR. *M. Legrand.*

Oüy je l'acquitteray; je veux qu'en ce beau jour,
Le flambeau de l'Hymen brûle des feux d'Amour.
à L'HYMEN.
Jurons une paix éternelle:
Que nôtre union sera belle!

L'HYMEN. *Le S^r. Dangeville.*

O mon Frere, pour cette fois,
Puis je compter sur ta promesse?

L'AMOUR.

Oüy, oüy mon Frere, dans les bois,
J'agis sans art & sans finesse.

L'HYMEN.

Je suis fait pour te croire, & toy pour me trahir.

L'AMOUR.

Tu me donnes souvent sujet de te haïr;

Est-il étrange
Que je me venge?
Quand pour former tes nœuds, on te voit chaque jour
Preferer hautement la Fortune à l'Amour?
Lorsqu'à la brillante jeunesse,
Tu joins la fâcheuse vieillesse,
Hymen, que diroit-on de moy,
Si j'étois d'accord avec toy?

UNE COMPAGNE DE LUCINDE, échapée du nauffrage, Melle. Antier.

Impetueux Tyrans des Ondes,
Fiers Aquilons, Vents furieux,
Laissez regner le calme en ces beaux lieux,
Rentrez dans vos Grottes profondes.

L'Amour par sa presence, embelit ce séjour,
Volez, charmants Zephirs, faites-luy vôtre cour;
Et vous, petits Oyseaux, effrayez par l'orage,
Revenez faire entendre icy vôtre ramage;
Chantez, chantez, celebrez ce beau jour.

NOUVELLE FESTE.

LE ROY danſe en Amour.

AMOURS de la ſuite du ROY.

Mr. le Duc de la Tremoille.
Mr. le Duc de Bouflers.
Mr. de Cruſſol.
Mr. de Ligny.
Mr. de Brancas.
Mr. le Ch. de Maulevrier.
Mr. de Gondrin.
Mr. de Saint Florentin.
Mr. de Rupermonde.
Mr. de Laſuſe.

Monſieur le Duc DE CHARTRES repreſente l'HYMEN.

Suite de l'HYMEN.

Mr. le Grand Prieur.
Mr. de Langeron.
Mr. de Lorges.
Mr. de Coigny.
Mr. le P. de Turenne.
Mr. de Beſons.
Mr. le Duc de Montmorecy.
Mr. de Mirepoix.
Mr. de Villars.
Mr. d'Alincourt.
Mr. le Marq. de Villeroy.
Mr. de Croiſſy.

UNE BERGERE, Melle. Lisarde,

AU ROY.

Ah ! que cet AMOUR *a de charmes !*
Tout doit ceder à ses attraits vainqueurs :
Les Graces & les Ris sont ses plus fortes armes !
Qu'il regne à jamais sur les cœurs.

Quelle rigueur extrême,
Le devoir ne veut pas qu'on se laisse charmer !
Si tous les Amours sont de même,
Helas ! peut-on se défendre d'aimer ?

Ah ! que cet AMOUR *a de charmes !*
Tout doit ceder à ses attraits vainqueurs :
Les Graces & les Ris sont ses plus fortes armes !
Qu'il regne à jamais sur les cœurs.

L'HYMEN & sa suite.

Des Matelots échapez du nauffrage, viennent se joindre aux Bergers, ce qui finit le Divertissement.

ENTRE'E DES MATELOTS.

Mr. de Tonnerre.
Mr. d'Hostager.
Mr. de Francine.
Mr. Balon fils.

Melles. Lemaire.
Leroy.
Duval.
Mangot.

Mr. Balon, Melle. Prevôt.

Le Sr. Dumoulin-4e.

Les Srs. Blondy & Dupré.

CHOEUR.

Amour, quelle langueur, quel trouble plein d'attraits,
Verses-tu dans ces cœurs fideles!
Que tes coups sont charmants! non, la plus douce paix
Ne vaut pas les transports des amours mutuelles!

FIN DU BALLET.

www.ingramcontent.com/pod-product-compliance
Lightning Source LLC
LaVergne TN
LVHW020629110826
845149LV00004B/1111